***ACCESO GRATIS** a la Lectura en la Nube*

Para visualizar el libro electrónico en la nube de lecture envíe junto a su nombre y apellidos una fotografía del código de barras situado en la contraportada del libro y otra del ticket de compra a la dirección:

ebooktirant@tirant.com

En un máximo de 72 horas laborales le enviaremos el código de acceso con sus instrucciones.

LA AUTORIZACIÓN PREVENTIVA Y DEFINITIVA EN EL NOTARIADO DE LA CIUDAD DE MÉXICO

Un análisis de los artículos 110 a 114 de la Ley del Notariado para la Ciudad de México

LA AUTORIZACIÓN PREVENTIVA Y DEFINITIVA EN EL NOTARIADO DE LA CIUDAD DE MÉXICO

Un análisis de los artículos 110 a 114 de la Ley del Notariado para la Ciudad de México

IGNACIO R. MORALES LECHUGA

Notario 116 de la Ciudad de México

JAIME ALBERTO TOVAR VILLEGAS

Abogado de la Notaría 116 de la Ciudad de México

tirant lo blanch

Ciudad de México, 2026

En caso de erratas y actualizaciones, la Editorial Tirant lo Blanch publicará la pertinente corrección en la página web www.tirant.com/mex/

Este libro será publicado y distribuido internacionalmente en todos los países donde la Editorial Tirant lo Blanch esté presente.

DR ® Tirant lo Blanch
Avenida Tamaulipas 150, oficina 502
Hipódromo, Cuauhtémoc, 06100, Ciudad de México
Teléfono +52 1 55 65502317
informex@tirant.com
www.tirant.com/mex/
www.tirant.es
Librería virtual: www.tirant.es
ISBN España: 979-13-7021-671-9
MAQUETA: Innovatext

DR ® 2025 Colegio de Notarios de la Ciudad de México
Instituto de Investigaciones Jurídica del Notariado
Río Tigris 63, Cuauhtémoc, 06500, Ciudad de México
Teléfono 55 5511 1819
ISBN México: 978-607-7873-85-3

Impreso y hecho en México

Si tiene alguna queja o sugerencia, envíenos un mail a: *atencioncliente@tirant.com*. En caso de no ser atendida su sugerencia, por favor, lea en *www.tirant.net/index.php/empresa/politicas-de-empresa* nuestro Procedimiento de quejas.

Responsabilidad Social Corporativa: *http://www.tirant.net/Docs/RSCTirant.pdf*

Índice

I. INTRODUCCIÓN

La función notarial, como pilar de la seguridad jurídica en el ordenamiento mexicano, se erige entre otros, sobre el principio de la fe pública, mediante el cual el notario, en su calidad de fedatario, confiere autenticidad a los actos y hechos que ante él se celebran.

En el contexto específico de la Ciudad de México, la Ley del Notariado para la Ciudad de México (en adelante, "la Ley") regula esta función con un enfoque que equilibra la autonomía del protocolo notarial con las exigencias de validez interna de los actos jurídicos y las obligaciones administrativas derivadas de otros ordenamientos. Particularmente, los artículos 110 a 114 introducen las figuras de la **autorización preventiva** y la **autorización definitiva**, conceptos que, aunque no delimitados exhaustivamente en el texto legal, generan interrogantes sobre su operatividad y alcances jurídicos.

Esta distinción entre autorizaciones preventiva y definitiva refleja una tensión inherente al proceso notarial: por un lado, la necesidad de acreditar la celebración del acto jurídico en un momento inicial, y por el otro, la verificación plena de los requisitos que permiten al instrumento público desplegar sus efectos completos. Surge así la interrogante central: ¿cuándo se considera "definitiva" la autorización notarial? ¿Qué rol juega la autorización preventiva en la preservación de la integridad del protocolo? Y, crucialmente, ¿cómo se correlacionan estas figuras con requisitos externos, tales como los fiscales, registrales o urbanísticos, sin paralizar la función notarial?

El presente busca dilucidar estas interrogantes a través de un análisis sistemático y doctrinal. Partiendo de una lectura precisa de la ley vigente, se explorará el marco normativo, el sentido jurídico de la autorización, la distinción entre el nacimiento del acto jurídico y del instrumento público, y las implicaciones de los "*requisitos legales*" mencionados en el artículo 111. Finalmente, se propondrá una interpretación práctica que oriente al estudiante y al profesional en la aplicación equilibrada de estas normas, garantizando la seguridad jurídica sin menoscabo de la eficiencia administrativa.

II. ESTRUCTURA Y CONTENIDO DE LOS ARTÍCULOS 110-114

La Ley del Notariado para la Ciudad de México, en su versión vigente al mes de octubre de 2025, establece un régimen detallado para la autorización de instrumentos públicos en el protocolo ordinario. Los artículos 110 a 114 delinean un proceso secuencial que distingue entre etapas intermedias y definitivas de la autorización, con el fin de salvaguardar la integridad del documento mientras se cumplen formalidades externas.

> Artículo 110: En el protocolo ordinario, una vez que la escritura haya sido firmada por todos los otorgantes y demás comparecientes, podrá ser autorizada preventivamente por el Notario con la razón 'ante mí', su firma y sello, o autorizada definitivamente. ... Cuando la escritura no sea firmada en el mismo acto por todos los comparecientes ... el Notario irá asentando solamente 'ante mí', con su firma a medida que sea firmada por las partes y cuando todos la hayan firmado imprimirá además su sello, con todo lo cual quedará autorizada preventivamente.
>
> Artículo 111: El Notario deberá autorizar definitivamente la escritura asentada en protocolo ordinario cuando se le haya justificado que se ha cumplido con todos los requisitos legales para ello. La autorización definitiva contendrá la fecha, la firma y el sello del Notario.
>
> Artículo 112: Cuando la escritura asentada en protocolo ordinario haya sido firmada por todos los comparecientes y no exista impedimento para su autorización definitiva, el Notario podrá asentar ésta de inmediato, sin necesidad de autorización preventiva.

> Artículo 113: El Notario asentará la autorización definitiva en el folio correspondiente del protocolo ordinario, acto continuo de haber asentado la nota complementaria en la que se indicare haber quedado satisfecho el último requisito para esa autorización del instrumento de que se trate.
>
> Artículo 114: En caso de que el cumplimiento de todos los requisitos legales a que alude el Artículo anterior tuviere lugar cuando el libro de protocolo o los folios donde conste la escritura relativa, estuvieren depositados en el Archivo, o quedara suficientemente acreditado por el cuerpo de la escritura y los documentos del apéndice dicho cumplimiento, aunque haya sido anterior a su depósito en el Archivo, su titular pondrá al instrumento relativo razón de haberse cumplido con todos los requisitos, la que se tendrá por autorización definitiva, dejará constancia si el momento del cumplimiento fue anterior a su depósito o en los términos primeramente descritos. Todo testimonio o copia certificada que expida indicará esta circunstancia bajo su certeza y responsabilidad.

Esta estructura normativa responde a la necesidad de adaptar al notariado a contextos donde los otorgantes no comparecen simultáneamente o donde requisitos externos demoran el cierre del protocolo. Doctrinalmente, se inspira en modelos europeos, como el notariado latino-germánico, donde la autorización fedataria se divide en fases para preservar la cadena de custodia documental.

III. EL SENTIDO JURÍDICO DE LA "AUTORIZACIÓN" EN EL CONTEXTO NOTARIAL

La "autorización" notarial consiste en la intervención del notario para conferir autenticidad a un instrumento, certificando la veracidad de las declaraciones, la identidad de los otorgantes y el cumplimiento de formalidades, transformándolo en un instrumento público auténtico con plena fuerza probatoria.

Históricamente, la autorización representa el cierre del ciclo de autonomía de la voluntad, alineándose con la teoría de las obligaciones al asegurar que el acto jurídico sea oponible *erga omnes*.

El **artículo 3 de la Ley del Notariado para la Ciudad de México** define la función notarial como una **atribución del Estado** derivada del **artículo 122 de la Constitución Política de los Estados Unidos Mexicanos** y del **artículo 6 de la Constitución de la Ciudad de México**, ejercida por los notarios bajo supervisión del Poder Ejecutivo local.

La Ley organiza esta función como una **garantía institucional del sistema notarial latino**, donde la fe pública se deposita en profesionales del derecho que actúan con autonomía técnica, imparcialidad y responsabilidad jurídica.

Los **principios rectores** de la función notarial se encuentran establecidos en los **artículos 27 al 43**, en los siguientes términos:

- Imparcialidad (art. 27-28),
- Honorabilidad, independencia y responsabilidad (arts. 29-33),
- Colegiación y supervisión profesional (arts. 34-39), y
- Control disciplinario y probidad profesional (arts. 40-43).

Estos preceptos definen que el notario no actúa como mero testigo o registrador de hechos, sino como **jurista garante de legalidad**, encargado de **impedir la formación de actos contrarios al derecho** y de otorgar autenticidad a los que cumplen sus requisitos.

El artículo 44 caracteriza al notario como profesional del Derecho investido de fe pública por el Estado, encargado de "*recibir, interpretar, redactar y dar forma legal a la voluntad de las personas que ante él acuden, y conferir autenticidad y certeza jurídicas a los actos y hechos pasados ante su fe*".

El mismo artículo le impone conservar los instrumentos en su protocolo, reproducirlos y dar fe de ellos, actuando además como auxiliar de la administración de justicia. Así, la fe pública notarial funciona como **mecanismo institucional de juridificación de la voluntad privada**, dotándola de certeza, autenticidad y oponibilidad.

Los artículos 100 a 109 integran el capítulo relativo a los instrumentos notariales y la escritura pública.

Ahí se dispone que:

- La **autorización** del notario, expresada con su firma y sello, **convierte el instrumento en documento público** (art. 100);
- Se detallan los elementos que debe contener la escritura (arts. 101-106), garantizando la verificación de la **personalidad, capacidad, legitimación y objeto del acto;**
- El notario debe **leer íntegramente el instrumento a los otorgantes** y asegurarse de su comprensión y conformidad antes de autorizar (art. 107);

De este modo, la Ley distingue dos momentos jurídicos:

- La **autorización preventiva**, que acredita la comparecencia, la identidad y la manifestación de voluntad; y
- La **autorización definitiva**, que certifica la plenitud de requisitos de validez y la legalidad del acto otorgado, convirtiendo el documento en **instrumento público pleno.**

La **autorización definitiva**, regulada en estos preceptos, **no se limita a la formalidad de la firma notarial:** constituye el acto de **control jurídico de validez** mediante el cual el notario verifica que la voluntad expresada por las partes cumple con los elementos esenciales del acto jurídico (art. 1794 CCCDMX), los requisitos de forma y las condiciones de licitud. Así, la autorización definitiva **cierra el ciclo de la autonomía de la voluntad**, integrando el acto jurídico en el sistema de certeza y legalidad del ordenamiento, y cumpliendo la función preventiva de la fe pública notarial en el ámbito del derecho privado.

IV. NACIMIENTO DEL ACTO JURÍDICO Y DEL INSTRUMENTO PÚBLICO

El acto jurídico nace con la concurrencia de elementos esenciales: consentimiento libre y consciente, objeto lícito y posible y forma prescrita por la ley. Una vez celebrado, genera obligaciones entre partes, independientemente de su formalización notarial, salvo cuando la ley exija escritura pública (e.g., contratos inmobiliarios).

Doctrinalmente, esta concepción remite a la autonomía de la voluntad de Savigny, adaptada en México para equilibrar libertad contractual con orden público.

El instrumento público surge con la autorización notarial, que lo dota de fe pública. La definitiva representa el momento culminante, donde el protocolo cierra su ciclo fedatario, lo cual genera una doble dimensión de la definitividad:

- Ontológica: Refiere a la materialidad del documento, con firma, sello y fecha, como entidad autónoma.
- Jurídica/Formal: Implica verificación de requisitos para validez, habilitando efectos propios.

Distinción con eficacia externa: No se confunde con oponibilidad (registro) o ejecutabilidad (impuestos), aunque interactúa con ellas.

V. LOS “REQUISITOS LEGALES”

1. Lectura restringida (validez y formalidad)

La lectura restringida del artículo 111 de la Ley del Notariado para la Ciudad de México concibe la expresión “requisitos legales” como referida exclusivamente a los elementos que inciden en la existencia y validez del acto jurídico, conforme al Título Segundo, Libro Cuarto del Código Civil para la Ciudad de México, particularmente los artículos 1796 a 1834.

En este marco, los **requisitos de validez y forma** se definen de la siguiente manera:

- **Capacidad legal de las partes** (artículos 1798 y 1799): El notario debe **comprobar que los otorgantes son hábiles para contratar** y que no existe restricción legal o representación inválida, conforme a los artículos 1798 y 1799 del Código Civil para la Ciudad de México. Este deber se extiende más allá de la simple verificación formal: implica una **evaluación jurídica y humana de la capacidad de ejercicio**, en consonancia con el **artículo 12 de la Convención sobre los Derechos de las Personas con Discapacidad**, que reconoce el **derecho universal a la capacidad jurídica en igualdad de condiciones con las demás personas.** La capacidad, como elemento de validez del contrato, supone la aptitud para manifestar voluntad, obligarse y ejercer derechos de manera personal. Por ello, el notario conforme al artículo 106 de la Ley, está obligado a **apreciar con sus sentidos de forma objetiva** si el otorgante puede gobernarse, obligarse y manifestar su voluntad por sí mismo o mediante los apoyos que necesite.

A la luz de la **jurisprudencia de la Suprema Corte de Justicia de la Nación,** el reconocimiento de la capacidad no puede ser restringido de manera absoluta por motivos de discapacidad o condición personal, pues ello vulneraría los derechos de igualdad, no discriminación y autonomía en la toma de decisiones (Tesis Aisladas 2021578, 2019965 y 2019963, Décima Época). En consecuencia, el notario debe adoptar un enfoque ***pro persona***, procurando siempre **los apoyos y salvaguardas necesarias** para el ejercicio efectivo de la capacidad jurídica, evitando cualquier sustitución de voluntad.

En la práctica notarial, esta perspectiva se traduce en **garantizar la expresión libre y consciente del consentimiento**, asegurando que las personas con discapacidad, adultas mayores o en situación de vulnerabilidad participen plenamente en los actos que otorguen, en coherencia con los principios de autonomía, inclusión y respeto a la dignidad humana que informan el derecho contemporáneo.

- **Consentimiento libre de vicios** (arts. 1803, 1812 y 1813): debe manifestarse de manera expresa o tácita, sin error, dolo o violencia, y con plena comprensión del acto; de ahí la obligación del notario de leer, explicar y verificar la conformidad de los otorgantes (art. 107 LNCDMX).

- **Objeto lícito, posible y determinado o determinable** (arts. 1824 a 1827): el notario debe examinar que la prestación sea jurídicamente válida —que exista en la naturaleza, sea determinable y esté en el comercio— y que el hecho u obligación pactada sea posible y lícita.
- **Forma establecida por la ley** (arts. 1832 a 1834): cuando la ley exige forma *ad solemnitatem* —como la escritura pública—, su incumplimiento impide la validez del acto, de modo que la **autorización definitiva** sólo puede producirse una vez verificada dicha forma.

Bajo esta interpretación, la función notarial se centra en el **control de legalidad interna** del acto, garantizando que el negocio jurídico sea válido por su estructura y contenido, sin supeditar la autorización definitiva a **requisitos de ejecución o gestión administrativa** (como los fiscales o registrales).

Así, el notario, de acuerdo con los artículos 101, 105, 107, 108 y 109 de la LNCDMX, debe:

1. Verificar la identidad y capacidad de los otorgantes.
2. Comprobar la legitimación y suficiencia de los poderes invocados.
3. Examinar que el objeto del acto sea lícito, posible y determinado o determinable, conforme al derecho.
4. Asegurar la **manifestación de voluntad libre e informada** mediante la lectura y explicación del instrumento.

Cuando todos estos elementos se encuentran satisfechos y no existe impedimento de validez o licitud, el notario puede **autorizar definitivamente** la escritura, consolidando el acto en documento público con fuerza probatoria plena.

En esta perspectiva, los **"requisitos legales"** del artículo 111 LNCDMX **no incluyen** las obligaciones accesorias derivadas de otras legislaciones —fiscales, urbanísticas o registrales—, pues éstas no inciden en la **validez intrínseca del acto jurídico,** sino en su **eficacia externa.**

De este modo, la **autorización definitiva** se erige como el **acto de cierre jurídico** mediante el cual el notario certifica que la voluntad de las partes, el objeto y la forma cumplen con las condiciones exigidas por el orden civil, garantizando que el instrumento sea **jurídicamente válido, auténtico y eficaz entre las partes,** conforme al artículo 1796 y correlativos del Código Civil.

2. Lectura extensiva (administrativista)

La **lectura extensiva o administrativista** propone que la expresión "todos los requisitos legales" contenida en el **artículo 111 de la Ley del Notariado para la Ciudad de México** debe interpretarse en un sentido amplio, abarcando no sólo los **requisitos de validez civil del acto jurídico,** sino también las **obligaciones accesorias** derivadas de **otras legislaciones** —fiscales, registrales, urbanísticas o ambientales— cuyo cumplimiento podría considerarse indispensable para que el instrumento alcance eficacia jurídica plena.

Bajo esta visión, el notario no podría autorizar definitivamente una escritura hasta que:

1. Se acredite el pago o exención de impuestos y derechos locales (como el Impuesto sobre Adquisición de Inmuebles —ISAI—, el predial o los derechos de suministro de agua, conforme al artículo 27 del Código Fiscal de la Ciudad de México);
2. Se obtengan y adjunten las constancias urbanísticas o de uso de suelo previstas en la Ley de Desarrollo Urbano del Distrito Federal, su Reglamento y la Ley General de Asentamientos Humanos, Ordenamiento Territorial y Desarrollo Urbano (CUZ, alineamiento y número oficial, dictámenes de zonificación, etcétera);

3. Se cubran los **derechos registrales** y se prepare la **inscripción** del acto en el Registro Público de la Propiedad y del Comercio.

Desde esta perspectiva, la autorización definitiva sería un acto **de control integral**, condicionado no sólo al cumplimiento de los requisitos intrínsecos del acto (capacidad, consentimiento, objeto y forma), sino también a la **acreditación documental de los trámites administrativos y fiscales** vinculados a su ejecución.

Quienes sostienen esta lectura suelen invocar:

- El principio de **seguridad jurídica y de tutela de la hacienda pública**, que busca evitar la circulación de documentos carentes de soporte fiscal o con posibles irregularidades urbanísticas.
- El **artículo 27 del Código Fiscal de la Ciudad de México**, que exige la presentación de constancias de no adeudo de predial y agua como condición previa a la autorización notarial y a la inscripción registral.
- El deber del notario de **verificar la legalidad de los actos** en sentido amplio (art. 44, párrafo 1, LNCDMX).

La lógica subyacente es **preventiva en extremo**: se pretende garantizar que ningún instrumento notarial se autorice sin que se hayan satisfecho todos los requisitos administrativos conexos, evitando así sanciones o nulidades ulteriores.

3. Problemas prácticos y jurídicos que genera

Sin embargo, esta interpretación excede el alcance material de la función notarial y produce efectos contrarios al sistema de derecho público y privado que la propia Ley organiza.

1. **Desnaturaliza la función fedataria.**

   La **autorización definitiva** es un acto jurídico-documental de **control de legalidad y autenticidad**, no un acto de ejecución administrativa. Convertir al notario en garante del cumplimiento fiscal y urbano lo transforma en una especie de **agente administrativo**, subordinando su función jurídica a gestiones que **no dependen de su actuación**, y diluyendo el principio de **autonomía técnica** del notariado reconocido en los **artículos 3, 27 a 43 y 44** de la Ley.

2. **Paraliza el tráfico jurídico.**

   En la práctica, muchos actos notariales quedarían **en un limbo indefinido** —autorizaciones preventivas sin posibilidad de cierre— mientras se gestionan trámites que pueden demorar semanas o meses. Ello **entorpece el principio de celeridad y eficacia documental** que caracteriza al notariado latino.

3. **Confunde validez con eficacia externa.**

   El cumplimiento de cargas fiscales, la obtención de constancias o la inscripción registral **no inciden en la validez del acto jurídico**, sino en su eficacia frente a **terceros** o en la **oponibilidad administrativa**.

   En este sentido, condicionar la **autorización definitiva** a requisitos ajenos al acto equivale a **fusionar etapas distintas del proceso jurídico**: la de **creación del acto**, que pertenece al derecho civil, y la de **ejecución o publicidad**, que pertenece al derecho administrativo.

4. **Genera responsabilidad indebida.** El notario pasaría a ser responsable por el **incumplimiento de obligaciones** que competen a las partes o a otras autoridades, lo cual **contraviene el principio de legalidad estricta** del ejercicio notarial y el carácter **limitado de su responsabilidad fiscal** (liquidador, enterador o responsable solidario, no sujeto pasivo).

5. **Contradice el diseño normativo de la Ley del Notariado.** Los **artículos 100 a 109 LNCDMX**, al regular la autorización preventiva y definitiva, establecen que el notario **debe autorizar definitivamente** cuando se hayan cumplido **"todos los requisitos legales"**, pero el contexto normativo demuestra que esos requisitos se

refieren al **acto jurídico documentado**, no a los trámites de gestión fiscal o administrativa.

Si bien esta lectura parte de una intención legítima de **maximizar la seguridad jurídica y la integridad administrativa**, su aplicación estricta **distorsiona la naturaleza de la función notarial**, al convertir la **autorización definitiva** en un acto de cumplimiento burocrático más que en un **acto de certeza jurídica.**

Al supeditar la autorización al pago de impuestos o a la expedición de dictámenes externos, la fe pública notarial **pierde su autonomía como mecanismo de validación inmediata del acto jurídico**, y la circulación documental queda atada a procedimientos que pertenecen a la esfera de la **eficacia y publicidad** del acto, no a la de su **validez civil.**

Por ello, aunque esta interpretación se presenta como "garantista", en la práctica **paraliza el ejercicio de la función notarial** y **desnaturaliza su esencia jurídica**, trasladando indebidamente al notario las cargas de verificación y ejecución que corresponden al aparato administrativo del Estado.

4. Lectura sistemática propuesta (con enfoque de descentralización por colaboración)

La **lectura sistemática** del artículo 111 de la *Ley del Notariado para la Ciudad de México* parte de una interpretación integral del orden jurídico aplicable —**artículos 3, 6 y 44 de la Constitución de la Ciudad de México**, y **artículos 3, 44 y 100 a 114 de la Ley del Notariado—**, entendiendo que el notariado **no es solo garante de legalidad civil**, sino también **colaborador del Estado** en la ejecución de fines públicos de certeza, seguridad y control.

A. Núcleo interpretativo: validez civil y autonomía funcional

En su núcleo, la lectura sistemática reafirma que los "requisitos legales" a que se refiere el **artículo 111** comprenden únicamente aquellos que inciden en la **validez del acto jurídico** y en la **forma de su otorgamiento**, conforme al **Código Civil para la** Ciudad de México (arts. 1796 a 1834):

- Capacidad de los otorgantes,
- Consentimiento libre de vicios,
- Objeto lícito, posible y determinado o determinable, y
- Forma prescrita cuando la ley así lo exija.

El **notario**, como fedatario investido de fe pública, autoriza definitivamente cuando constata que estos elementos se cumplen, de acuerdo con los artículos **108 a 114** de la Ley del Notariado. A partir de ese momento, el instrumento **adquiere autenticidad y validez jurídica**, siendo el documento público que materializa la autonomía de la voluntad bajo control de legalidad.

B. Dimensión colaborativa: la descentralización por colaboración

No obstante, la interpretación sistemática no desconoce que el notario, además de fedatario, **desempeña una función pública colaborativa con la administración.**

Esta característica —reconocida implícitamente en el **artículo 44** de la Ley y desarrollada en el **artículo 6 de la Constitución de la Ciudad de México**, que promueve la cooperación de particulares en funciones públicas— sitúa al notario como **agente descentralizado de certeza jurídica**, en lo que la doctrina denomina *descentralización por colaboración*.

Bajo este esquema, una vez autorizado definitivamente el instrumento (por reunir los requisitos de validez civil), el notario **continúa su actuación en el ámbito administrativo, fiscal y registral**, realizando gestiones tales como:

- El **entero de impuestos y derechos** (ISAI, predial, agua), conforme al Código Fiscal;
- La presentación de avisos o informes a las autoridades competentes;

- La **gestión e inscripción registral** del instrumento ante el Registro Público de la Propiedad y del Comercio; y
- La **entrega al cliente del testimonio inscrito**, con constancias de pago y trámites cumplidos.

Estas actividades, aunque **posteriores al cierre jurídico del acto**, se desarrollan dentro de la **misma función notarial**, en cumplimiento de los principios de **legalidad, certeza y colaboración administrativa** que derivan del artículo 6 de la constitucional local y de los artículos 3 y 44 de la Ley.

C. Armonización entre validez y eficacia

Así, la lectura sistemática propone una **armonización funcional** entre dos planos:

Plano jurídico	Función del notario	Resultado
Validez y autenticidad	Controlar capacidad, consentimiento, objeto y forma; autorizar definitivamente conforme a arts. 108-111 LNCDMX.	Acto jurídico válido y documento público auténtico.
Eficacia y colaboración administrativa	Ejecutar obligaciones fiscales, registrales y de información derivadas del instrumento.	Certeza ampliada para el Estado y para el particular; culminación práctica de la función notarial.

El acto jurídico **se perfecciona y adquiere validez** con la autorización definitiva, pero la **función notarial se prolonga** en una esfera de colaboración administrativa, hasta que el cliente recibe el **testimonio inscrito** y la administración cuenta con la **información y los pagos** debidamente acreditados.

La lectura sistemática con enfoque de descentralización colaborativa reconoce que:

1. La **validez del acto** depende únicamente del cumplimiento de los requisitos civiles y formales, conforme al Código Civil y la Ley del Notariado.

2. La **autorización definitiva** es el acto del Notario que certifica esa validez y confiere autenticidad.
3. La **actividad administrativa, fiscal y registral** forma parte de la **función pública auxiliar** del notario, mediante la cual se materializa su colaboración con la Administración Pública y se otorga **certeza integral** tanto al Estado como al ciudadano, esta actividad y colaboración cercana del notario con la Administración Pública incide no solo de manera posterior al otorgamiento y autorización definitiva de la escritura, como se ha explicado, sino que además, de manera previa al otorgamiento funge no solo como primer filtro, sino coadyuvante directo e inmediato en actividades variadas de la esfera administrativa tales como: obtención y gestión de permisos ante la Secretaría de Relaciones Exteriores para la adquisición de Extranjeros, avisos RENAP, informes de testamento, autorizaciones, solicitudes y avisos a la Junta de Asistencia Privada, entre muchos otros.

En suma, el notario no subordina la autorización definitiva a los trámites administrativos, pero los asume como prolongación y acción natural de su deber de colaboración, cerrando su actuación no con la firma del instrumento, sino con la entrega al cliente del testimonio inscrito y con todas las obligaciones cumplidas.

De esta manera, la fe pública notarial se consolida como institución de descentralización colaborativa, garantizando legalidad, eficacia y confianza en la vida civil y patrimonial.

VI. LA DEFINITIVIDAD FRENTE A LAS OBLIGACIONES URBANÍSTICAS Y FISCALES

1. *El artículo 27 del CFCDMX*

El artículo 27 del Código Fiscal de la Ciudad de México establece que los interesados en la adquisición o transmisión de bienes inmuebles deberán presentar al notario constancias de adeudos del impuesto predial y derechos por el suministro de agua del inmueble, donde conste que "el inmueble no presenta adeudos de los últimos cinco años anteriores al otorgamiento" del instrumento. Además, los notarios deberán agregarlas al apéndice de la escritura y el Registro Público sólo inscribirá cuando obren dichas constancias.

Esto implica que la norma impone una exigencia documental para la inscripción, y un deber de agregación para el notario.

Aunque la literalidad del artículo 27 sugiere una "*no existencia de adeudos*", existe una circular interpretativa del propio Registro Público de la Propiedad de la Ciudad de México (circular DG/05/2013) por virtud de la cual se admite que en casos de adjudicación judicial, garantía del interés fiscal o asunción del pago por el adquirente, se pueda autorizar la escritura agregando la constancia respectiva. Este criterio suaviza la literalidad y proporciona una vía operativa.

2. *¿Condiciona la autorización definitiva?*

El artículo 27 no establece directamente que el notario deba diferir la autorización definitiva ante adeudos. Establece que los interesados deben presentar constancias y que el notario debe agregarlas al apéndice para que el RPP inscriba; no obstante con la interpretación de la circular incluso obteniendo constancia que manifieste adeudos, el notario previo a autorizar definitivamente la escritura, se asegura que el interés fiscal sea cubierto, agregando en unión de la constancia de adeudos, el pago correspondiente.

3. *Otras obligaciones administrativas (CUZ, ISAI, registro)*

La exigencia del CUZ, prevista en la Ley de Desarrollo Urbano del Distrito Federal y su Reglamento, puede constituir un requisito de licitud del acto (uso de suelo conforme). Si el objeto del contrato contraviene el plan urbano o el CUZ, el acto puede ser ilícito. En esos casos, la autorización definitiva "sí" debería diferirse.

El pago del ISAI y el llenado del trámite de inscripción en el Registro Público son, en la mayoría de los casos, obligaciones de gestión posteriores y no requisitos para la validez del acto notarial o para su autorización definitiva.

Con base en el análisis, consideramos que:

1. El notario podrá autorizar definitivamente la escritura cuando:
   a) El acto jurídico esté válidamente celebrado (consentimiento, objeto, forma).
   b) Todos los otorgantes hayan firmado conforme al artículo 110.
   c) No exista vicio de validez o de licitud en el objeto del contrato.
   d) Se hayan verificado los requisitos que afectan la validez del acto (capacidad, representación, lectura, etcétera).

   En ese supuesto, la autorización puede asentarse, aunque queden pendientes trámites de eficacia externa (pago fiscal, inscripción).
2. El notario debe diferir la autorización definitiva cuando:
   a) Falte un requisito que incida directamente en la validez o licitud del acto (por ejemplo, negocio que requiere permiso administrativo y éste no existe).
   b) Exista norma que establezca expresamente que el cumplimiento de cierto trámite es condición de la escritura (por ejemplo, art. 27 constitucional relativo a la adquisición de personas extranjeras).
   c) Haya riesgo evidente para terceros o para la Hacienda Pública que impida la función notarial o su responsabilidad.

3. Los trámites externos (registro, pago de ISAI, etcétera) son exigencias de eficacia del instrumento y/o de su oponibilidad frente a terceros, pero no necesariamente de autorización definitiva.

VII. CONCLUSIONES

La distinción entre autorización preventiva y definitiva adquiere pleno sentido cuando se entiende que la firma preventiva representa un estado intermedio, la escritura existe en su dimensión de voluntad y la firma definitiva representa el cierre del circuito fedatario, la escritura ya reúne los requisitos para generar plena confianza y autenticidad.

El análisis doctrinal y normativo llevado a cabo indica que la autorización definitiva no debe condicionarse por regla general al cumplimiento de todos los trámites administrativos o fiscales externos al acto jurídico, salvo que exista una disposición legal que lo imponga expresamente o que el cumplimiento del trámite forme parte de la estructuración jurídica del acto (licitud, forma, objeto). El régimen fiscal-registral de la Ciudad de México no convierte *per se* este requisito en obstáculo automático para la autorización definitiva.

En consecuencia, el notario tiene la responsabilidad de discernir entre requisitos de validez/legalidad del acto y requisitos de gestión administrativa del instrumento y actuar de acuerdo con ello, garantizando así la seguridad jurídica que la Ley del Notariado le encarga.